HEINEMANN

T0351593

Cahier d'exercices

Julie Green

PEARSON

Heinemann is an imprint of Pearson Education Limited, Edinburgh Gate, Harlow, Essex, CM20 2JE.

www.pearsonschoolsandfecolleges.co.uk

Heinemann is a registered trademark of Pearson Education Limited

Text © Pearson Education Limited 2012
Edited by Sara McKenna
Designed by Emily Hunter-Higgins
Typeset by Kamae Design, Oxford
Original illustrations © Pearson Education Limited 2012
Illustrated by Caron at KJA Artists
Cover design by Emily Hunter-Higgins
Cover photo © Studio Natacha Nicaise/Natacha Nicaise

First published 2012

2024
19

British Library Cataloguing in Publication Data
A catalogue record for this book is available from the British Library

ISBN 978 0 435 03073 5

Printed in Great Britain by Ashford Colour Press Ltd.

Acknowledgements

Every effort has been made to contact copyright holders of material reproduced in this book. Any omissions will be rectified in subsequent printings if notice is given to the publishers.

Planète Facebook (pages 8–9)

1 **Read the texts and match each one to a note below.**

Moi, je passe des heures sur Facebook. On partage tout le temps des photos avec mes copains, c'est vraiment marrant. On organise souvent des sorties, c'est plus facile que de se parler avec le portable. Je poste aussi des messages sur le mur de mes copains de temps en temps. **Emma**

Salut! Moi, je vais tous les jours sur ma page perso et je modifie mes préférences une fois par mois. J'adore Facebook et j'aime commenter les photos de mes copains, c'est rigolo! **Nathan**

Pour moi, Facebook, c'est indispensable. Tous les weekends, j'invite mes copains chez moi et on s'envoie tout le temps des liens vers des vidéos, sur YouTube, par exemple. Je fais aussi des quiz ou je joue quelquefois à des jeux. **Louis**

a

Tu peux venir chez moi samedi?

b

Facebook: 4h par jour
On sort au cinéma ce soir?

c

Facebook: tous les jours!

2 **Read the texts again. Connect each name with an activity and a frequency expression.**

Emma

Nathan

Louis

goes on home page
invites friends round
arranges to go out
posts messages
sends video links
plays games
shares photos
updates likes

once a month
all the time
every weekend
often
from time to time
sometimes
all the time
every day

3 **Use the prompts to write forum entries for the two people below.**

Clément

tous les jours   une fois par semaine

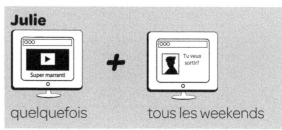

Julie

quelquefois   tous les weekends

1 **Unjumble the answers to the quiz questions.**

> ### Studio Grammaire
> Remember to use **le/la/les** in front of the verb to mean **him/her/them.**
> *Je **le** trouve beau.*   I find **him** handsome.
> *Je **la** trouve jolie.*   I find **her** pretty.

1 Comment tu trouves Wayne Rooney?
Je le trouve ... lunatique pénible un peu et très
_____

2 Comment tu trouves Kate Middleton?
la trouve je belle et très vraiment gentille _____
_____

3 Comment tu trouves Nicolas Sarkozy (Président français)?
assez je trouve trop le mais arrogant charmant _____
_____

4 Comment tu trouves Carla Bruni (femme du Président français)?
trouve gentille la et assez je généreuse très _____
_____

5 Comment tu trouves Robert Pattinson?
très je trouve beau carrément et charmant le _____
_____

6 Comment tu trouves Lady Gaga?
drôle je trouve la assez et jolie très _____
_____

2 **Answer the quiz questions above with your own opinions.**
Remember to use *le* or *la* correctly and to make the adjectives agree.

3 **Complete the text. There may be more than one possibility for each gap and you can use the words below more than once.**

> – Regarde Cheryl Cole et Eva Green. Je **1** ▨▨▨ trouve **2** ▨▨▨▨▨▨ .
> – Et voilà Kanye West. Je **3** ▨▨▨ trouve **4** ▨▨▨▨▨ .
> – Et regarde Ellen Page. Je pense qu'elle est **5** ▨▨▨▨ .
> – Comment tu trouves les deux princes, William et Harry?
> – Je **6** ▨▨▨ trouve **7** ▨▨▨▨▨▨ . William est **8** ▨▨▨▨
>   mais je préfère Harry. Je **9** ▨▨▨ trouve **10** ▨▨▨▨▨ .
> – Voilà les Beckhams, je **11** ▨▨▨ trouve **12** ▨▨▨▨▨▨ . Victoria est
>   **13** ▨▨▨▨▨▨ mais je la trouve **14** ▨▨▨▨▨ .
> – Oui, et David est très beau. Je **15** ▨▨▨ trouve **16** ▨▨▨▨ .

> le   la   les   charmant   jolie   gentil
> drôle   pénibles   beau   beaux   généreux
> charmants   arrogants   pénible   égoïste

Be careful to select adjectives that agree with the person/people.

1 Make a conversation about going out by numbering the lines to match the order of the symbols.

– Allô, oui?

– Alors, je vais aller à la patinoire demain après-midi. Ça t'intéresse? ☐

– Avec Florian et Laura. Ça va? ☐

– Oui, bonne idée. On se retrouve où? ☐

– Salut Camille, c'est Théo. Tu veux aller au cinéma, ce soir? ☐

– Oui, c'est cool. La patinoire est ouverte à quelle heure? ☐

– Désolée, mais je n'ai pas trop envie et j'ai trop de devoirs, ce soir. ☐

– Rendez-vous chez Florian à quatorze heures trente? ☐

– D'accord, à demain! ☐

– Attends. Je vais regarder sur Internet. Oui, la patinoire est ouverte de quatorze heures à vingt-deux heures. On va y aller vers quinze heures? ☐

– Oui, je veux bien. On va y aller avec qui? ☐

2 Write your own conversation about going out, making sure you use all the expressions below.

> faire les magasins
> aller à un concert de rock
> samedi soir
> On se retrouve à quelle heure?
>
> Tu veux m'accompagner?
> cet après-midi
> Génial. Pourquoi pas?
> J'ai horreur de ça.
> D'accord, à samedi!

❗ *You can use the conversation above as a model – it's not cheating! Highlight in two colours which parts you can reuse and which ones you can adapt.*

_____

_____

_____

_____

_____

_____

1 Complete the sentences with the correct verbs, then match each one to the correct picture in the story.

1
 ☐

2
 ☐

3
 ☐

4
 ☐

5
 ☐

6
 ☐

a Dimanche, je **1** ▮▮▮▮▮▮ en ville avec Julien et on
2 ▮▮▮▮▮▮ les magasins mais il **3** ▮▮▮▮▮▮ tout son
temps à discuter sur son portable.

b Samedi soir, je **4** ▮▮▮▮▮▮ avec Julien. On **5** ▮▮▮▮▮▮
à la fête de Sarah. C'était cool et c'était assez romantique!

c Je n'étais pas contente! Et puis, finalement, il **6** ▮▮▮▮▮▮. C'était un
désastre!

d Ensuite, on **7** ▮▮▮▮▮▮. Julien n'a pas bien dansé et on
8 ▮▮▮▮▮▮. C'était très marrant!

e D'abord, on a bu et on a mangé. J' **9** ▮▮▮▮▮▮ un coca et Julien
10 ▮▮▮▮▮▮ trop de pizza!

f J' **11** ▮▮▮▮▮▮ mes copines et on **12** ▮▮▮▮▮▮ tout le temps!

> ai bu   a plu   a dansé   a mangé   a rigolé   ai vu   est allés
> a bavardé   suis allée   a passé   a fait   suis sortie

2 Write your own picture story about a weekend date. Use the prompts on the right if you wish.

> samedi: bowling
> rigolo?
> dimanche: resté à la maison
> regardé un DVD
> mangé et bu?

⑤ Fou de musique!
(pages 16–17)

1 Read the text, then look at the pictures below and say whether they relate to activities mentioned in the past, present or future.

Ma passion, c'est la musique rock. Je suis méga fan du groupe Indochine. C'est un groupe de rock français qui a un look plutôt gothique. Normalement, j'écoute de la musique tous les jours: dans le bus pour aller au collège, quand je fais mes devoirs et même quand je me brosse les dents!

L'année dernière, je suis allé au Stade de France à Paris pour voir Indochine en concert. J'y suis allé en train avec mon frère et un copain. C'est le premier groupe français à jouer au Stade de France. Il y avait quatre-vingt mille spectateurs, cinq écrans géants et le concert a duré deux heures et demie. C'était absolument fabuleux! Nicola Sirkis, le leader du groupe, a dit «Être dans un groupe de rock, c'est un peu l'adolescence éternelle».

Le DVD du concert va bientôt sortir et je vais l'acheter, bien sûr! Demain, je vais télécharger des chansons d'Indochine et je vais les écouter sur mon iPod, super!

Raphaël

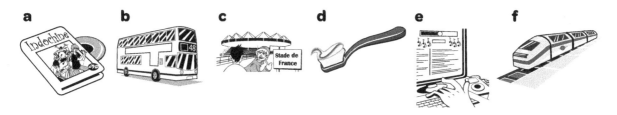

a   b   c   d   e   f

_____ _____ _____ _____ _____ _____

Studio Grammaire
Look at the pattern of each of the three tenses:
Past: *j'ai écouté; je suis allé(e)*
Present: *je suis fan; c'est super!*
Future: *je vais écouter; on va aller*

2 What does the text say about the following items? Write a sentence in English for each of them.

1 80 000: _____

2 2h30: _____

3 5: _____

4 DVD: _____

5 premier: _____

3 Adapt the text above to write about what music you like and an event you have seen.

 To get higher marks, try to use the present, past and future tenses together. Look at the verbs in the text to help you.

1 Read the article about Facebook. Spend two minutes and note three or four things you can understand.

Try to get the gist of each question and answer, even if you don't understand the detail. The activities on page 9 will help you to understand the rest.

Quelques questions sur Facebook

On utilise Facebook pour partager de la musique, des vidéos, des événements et des photos, et aussi pour poser des questions et partager les réponses.

Qu'est-ce que je dois faire pour m'inscrire sur Facebook?

Il faut avoir une adresse e-mail, au moins treize ans et peut-être quelques photos pour mettre sur ta page perso.

Combien de temps est-ce que je peux passer sur Facebook?

Ça, c'est ta décision. Tu peux facilement passer des heures à tchatter avec tes copains sur Facebook, mais c'est peut-être mieux de sortir avec eux de temps en temps.

Je n'aime pas tous mes camarades de classe, est-ce que je dois les accepter tous comme amis?

Pas du tout! C'est ton choix. Il faut refuser si tu n'es pas sûr(e).

Ma mère veut être mon amie. Est-ce que je dois l'accepter?

C'est difficile à dire, mais ce n'est pas une mauvaise idée. Tu peux toujours limiter son accès et en réalité, elle ne veut pas savoir tous tes secrets.

Combien d'amis est-ce que je peux avoir?

C'est à toi de décider, mais ce n'est pas une bonne idée d'avoir 600 amis si tu n'as pas le temps de parler à tous.

Est-ce que je peux limiter les choses qu'on peut voir sur mon profil?

Oui, tu peux sélectionner ce que tu veux montrer (photos, etc.) et à qui (tout le monde, amis de mes amis, etc.). On te conseille de tout limiter à tes seul(e)s ami(e)s.

_____

_____

_____

2 To help you with the gist, number the following topics in the order they appear in the text.

a Number of friends ☐

b What to do to join ☐

c Limiting things other can see ☐

d Number of hours ☐

e Accepting parents ☐

f Refusing people as friends ☐

> ❗
> - *Use context, logic and grammar to help you work out new words.*
> - *Look at the rest of the sentence and see if any of the words resemble English words you know.*
> - *It can also be helpful to ask yourself: is it a noun, an adjective or a verb?*

3 Read the text again. What does it say about the following items? Write a sentence in English for each of them.

1 13 ans: _____

2 tchatter avec tes copains: _____

3 il faut refuser: _____

4 ce n'est pas une mauvaise idée: _____

5 600 amis: _____

6 tu peux sélectionner: _____

4 Correct the mistakes in each of the French sentences.

1 On doit avoir seize ans pour s'inscrire sur Facebook.
_____

2 C'est une bonne idée de passer des heures sur Facebook.
_____

3 On ne peut pas refuser quelqu'un comme ami(e).
_____

4 C'est une mauvaise idée d'accepter ses parents comme amis.
_____

5 Il est facile de parler avec six cents amis.
_____

6 On ne peut pas limiter les choses que les autres peuvent voir sur son profil.
_____

5 Write four bullet points in French picking out some of the main advice given in the text or adding your own advice. (You may be able to use some of the corrected sentences from exercise 4.)

- _____
- _____
- _____
- _____

Studio 3 © Pearson Education Limited 2012

Sur Facebook • *On Facebook*

Je vais sur ma page perso.	*I go onto my home page.*
Je lis mes messages.	*I read my messages.*
Je poste des messages.	*I post messages.*
Je modifie mes préférences.	*I update my likes.*
J'invite mes copains.	*I invite my friends.*
Je fais des quiz.	*I do quizzes.*
Je joue à des jeux.	*I play games.*
Je regarde des photos.	*I look at photos.*
Je commente des photos.	*I comment on photos./I leave comments on photos.*
Je passe des heures ...	*I spend hours ...*
On organise des sorties.	*We arrange to go out.*
On partage des photos.	*We share photos.*
On s'envoie ...	*We send each other ...*
des liens vers des vidéos	*video links*

Les invitations • *Invitations*

Je vais/On va ...	*I'm/We're going to ...*
aller au cinéma/ en ville	*go to the cinema/ into town*
aller à la patinoire/ à une fête	*go to the skating rink/to a party*
faire les magasins	*go shopping*
faire un piquenique	*have a picnic*
Tu viens avec moi/ nous?	*Are you coming with me/us?*
Tu veux m'/nous accompagner?	*Do you want to come with me/ us?*
Ça t'intéresse?	*Are you interested?*
On se retrouve où/ à quelle heure?	*Where/When shall we meet?*
chez moi/toi	*at my/your place*
Il y a une séance à ...	*There's a showing at ...*
À plus.	*See you later.*
À demain/samedi.	*See you tomorrow/ on Saturday.*

Les adjectifs • *Adjectives*

arrogant(e)	*arrogant*
beau/belle	*good-looking/ beautiful*
charmant(e)	*charming*
drôle	*funny*
égoïste	*selfish*
généreux/généreuse	*generous*
gentil(le)	*kind*
jaloux/jalouse	*jealous*
joli(e)	*pretty*
lunatique	*moody*
pénible	*a pain*
timide	*shy*

Les réactions • *Reactions*

Oui, merci. Je veux bien.	*Yes, please. I'd like to.*
D'accord, si tu veux.	*OK, if you like.*
Génial! Bonne idée!	*Great! Good idea!*
Pourquoi pas?	*Why not?*
Je n'ai pas trop envie.	*I don't really want to.*
Tu rigoles!	*You're joking!*
C'est vraiment nul!	*That's really rubbish!*
J'ai horreur de ça!	*I hate that!*

Vocabulaire

Quand? • *When?*

ce matin/soir	*this morning/ evening*
cet après-midi	*this afternoon*
demain matin	*tomorrow morning*
samedi après-midi	*Saturday afternoon*
dimanche soir	*Sunday evening*
hier	*yesterday*
samedi dernier	*last Saturday*
le weekend dernier	*last weekend*
l'année dernière	*last year*

Les sorties • *Going out*

Je suis sorti(e) avec ...	*I went out with ...*
Je suis/On est allé(e)(s) ...	*I/We went ...*
au cinéma/à une fête/ en ville	*to the cinema/to a party/into town*
J'ai/On a ...	*I/We ...*
bavardé	*chatted*
bu du coca	*drank cola*
fait les magasins	*went shopping*
fait une promenade	*went for a walk*
joué au bowling	*went bowling*
mangé un hamburger	*ate a burger*
regardé un DVD	*watched a DVD*
bien rigolé	*had a real laugh*
On a dansé ensemble.	*We danced together.*
Je suis resté(e) à la maison.	*I stayed at home.*

Ça s'est passé • *How did it go?* comment?

C'était ...	*It was ...*
cool/génial	*cool/great*
intéressant/marrant	*interesting /funny*
romantique/sympa	*romantic/nice*
affreux/bizarre	*terrible/weird*
ennuyeux/horrible	*boring/horrible*
nul/un désastre	*rubbish/a disaster*

Les mots essentiels • *High-frequency words*

très	*very*
assez	*quite*
un peu	*a bit*
trop	*too*
carrément	*completely*
vraiment	*really*
avec	*with*
normalement	*normally*
en général	*mostly*
d'habitude	*usually*
tout/toute/tous/toutes	*all/every*
de temps en temps	*from time to time*
quelquefois	*sometimes*
souvent	*often*
tous les jours	*every day*
tous les weekends	*every weekend*
tout le temps	*all the time*
une fois/deux fois ...	*once/twice ...*
... par jour/semaine/ mois	*... a day/week/ month*

1 **Record your Steps for Module 1.**

2 **Look at the Step descriptors on pages 62–63 and set your targets for Module 2.**

3 **Fill in what you need to do to achieve these targets.**

Listening	I have reached _____ Step in **Listening**. In Module 2, I want to reach _____ Step. I need to _____ _____ _____ _____
Speaking	I have reached _____ Step in **Speaking**. In Module 2, I want to reach _____ Step. I need to _____ _____ _____ _____
Reading	I have reached _____ Step in **Reading**. In Module 2, I want to reach _____ Step. I need to _____ _____ _____ _____
Writing	I have reached _____ Step in **Writing**. In Module 2, I want to reach _____ Step. I need to _____ _____ _____ _____

1 Logic puzzle! Read the sentences and find the correct name for each picture.

a  **b**  **c**  **d**

_____ _____ _____ _____

- Thomas n'est pas touché au dos.
- Hugo a été touché à la jambe.
- Un des garçons est le frère de Valentin.
- Enzo n'est pas touché à la tête.
- Thomas n'a pas de frère.
- Le frère d'Enzo a mal au bras.

2 Read the sentences about girls' and boys' body language. Write the letter of the matching picture after each sentence.

- Pour les garçons: comment sais-tu si une fille t'aime? Regarde ce qu'elle fait!

  1 Elle se passe les mains dans les cheveux.

  2 Ses pieds forment un «L».

  3 Elle a son visage dans ses mains.

- Pour les filles: comment sais-tu si un garçon t'aime? Regarde ce qu'il fait!

  4 Il incline la tête à gauche.

  5 Il te fixe des yeux.

  6 Il met les mains dans les poches arrière de son jean.

a  **b**  **c**  **d**  **e**  **f**

1 Cross out the numbers in the wordsnake to reveal the words needed to complete the text below.

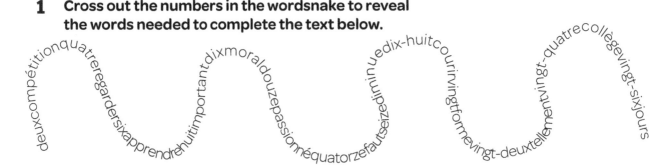

deuxcompétitionquatreregardersixapprendrehuitimportantdixmoraldouzepassionnéquatorzefautseizediminuedix-huitcourirvingttformevingt-deuxtellementvingt-quatrecollègevingt-sixjours

2 Complete the forum entries with the words from the wordsnake above.

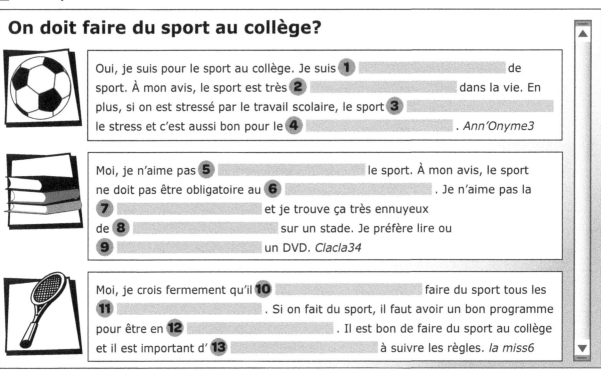

On doit faire du sport au collège?

Oui, je suis pour le sport au collège. Je suis **1** _____ de sport. À mon avis, le sport est très **2** _____ dans la vie. En plus, si on est stressé par le travail scolaire, le sport **3** _____ le stress et c'est aussi bon pour le **4** _____ . *Ann'Onyme3*

Moi, je n'aime pas **5** _____ le sport. À mon avis, le sport ne doit pas être obligatoire au **6** _____ . Je n'aime pas la **7** _____ et je trouve ça très ennuyeux de **8** _____ sur un stade. Je préfère lire ou **9** _____ un DVD. *Clacla34*

Moi, je crois fermement qu'il **10** _____ faire du sport tous les **11** _____ . Si on fait du sport, il faut avoir un bon programme pour être en **12** _____ . Il est bon de faire du sport au collège et il est important d' **13** _____ à suivre les règles. *la miss6*

3 Write a forum entry saying what you think of sport at school. Use the notes to help you.

_____
_____
_____
_____
_____
_____
_____
_____

- Je suis pour / Je suis contre parce que ...
- À mon avis, le sport ... (est important ...)
- Je crois fermement qu'il faut ... (faire du sport deux fois par semaine)
- Je n'aime pas trop le sport parce que .... (ça me fatigue / je préfère ...)

1 Unjumble the sentences, then put a ✔ or a ✘ according to whether each resolution is healthy or not.

1 légumes de mangerai Je beaucoup

_____

2 boirai boissons beaucoup Je de gazeuses

_____

3 ne Je mangerai chocolat de jamais

_____

4 boirai minérale un d'eau par litre Je jour

_____

5 frites Je trop mangerai de

_____

6 boirai ne de Je coca pas

_____

7 ne Je de mangerai fruits jamais

_____

8 mangerai trop trop sucreries et de Je de gâteaux

_____

2 Read the text about ready meals and complete the English summary.

Normalement, le soir, je mange avec ma famille. Mais ce soir, mes parents vont sortir, donc je dois me préparer mon repas. Alors, je mangerai un plat préparé de macaroni au fromage parce que c'est facile à cuisiner. On le met dans la microonde, et après cinq minutes, c'est prêt! Ma mère m'a dit que c'est très mauvais pour la santé parce qu'il y a beaucoup de sel et que c'est trop gras mais je m'en fiche, c'est mon plat préféré.

e 400g

Normally, in the **1** _____ I eat with my family. But tonight my parents
2 _____ so I have to prepare my own **3** _____ .
So I **4** _____ a **5** _____ –made meal of macaroni cheese because
it's **6** _____ to cook. You put it in the **7** _____ , and after five
minutes it's **8** _____ ! My mum says it's really bad for my **9** _____
because there is a lot of **10** _____ and **11** _____ but I don't care, it's
my **12** _____ meal.

3 Using the phrases from exercise 1, write five sentences about what you will or won't eat in the future.

If you don't know all the words, you should be able to guess some from English words which are similar. Use logic and common sense!

Studio 3 © Pearson Education Limited 2012

4 Je serai en forme! (pages 38–39)

Cahier rouge
Module

1 Complete the text using the correct part of the verb in the future tense. Write the verbs in the crossword.

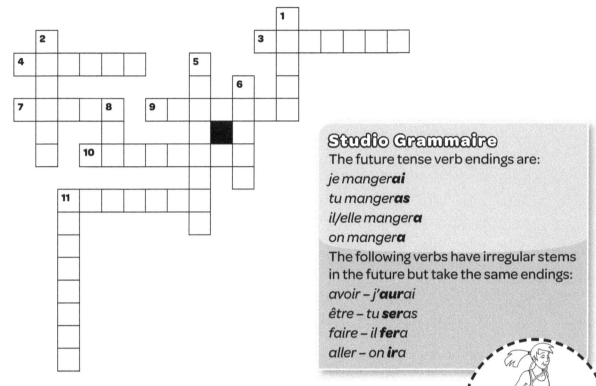

Studio Grammaire

The future tense verb endings are:

*je manger**ai***

*tu manger**as***

*il/elle manger**a***

*on manger**a***

The following verbs have irregular stems in the future but take the same endings:

*avoir – j'**aur**ai*

*être – tu **ser**as*

*faire – il **fer**a*

*aller – on **ir**a*

Je veux être en forme, alors d'abord, je [*faire*] (**7→**) 30 minutes d'exercice par jour, ce qui veut dire que je [*jouer*] (**3 →**) au basket et au foot et que je ne jouerai plus à mes jeux vidéo. Je [*prendre*] (**11↓**) des cours d'arts martiaux.

En plus, je [*manger*] (**5↓**) équilibré. Je ne mangerai plus de chocolat ou de sucreries et je ne [*boire*] (**4 →**) jamais de boissons gazeuses.

Le matin, avec mes copains, on [*marcher*] (**10 →**), on n'[*aller*] (**8↓**) pas au collège en bus. Au collège, on [*prendre*] (**11→**) les escaliers.

J'espère qu'après un mois, je [*être*] (**6↓**) en forme.

Ma copine Sarah veut aussi être en forme. Elle [*jouer*] (**2↓**) au tennis. Elle ne [*manger*] (**9→**) plus de hamburgers et elle [*boire*] (**1↓**) plus d'eau.

Océane

2 Note down six things that Océane will do to be more healthy and three things that her friend Sarah will do.

_____

_____

_____

3 **Number the lines in the right order, then copy out the text.**

Je veux tellement être en forme. D'abord, …

de fruits et de légumes et je boirai plus d'eau.	☐
jour. Pour être en forme, il faut avoir	☐
pas de boissons gazeuses. Je mangerai beaucoup	☐
motivé. Je suis passionné de sport, alors je jouerai	☐
je ferai au moins 30 minutes d'exercice par	☐
jouer dans une équipe, donc, avec mes copains, on	☐
au rugby et au handball. J'aime	☐
au collège à vélo, pas en voiture. Je ne	☐
un bon programme. Il faut aussi être	☐
ira au parc et on jouera au foot. En plus, j'irai	☐
mangerai plus de sucreries et je ne boirai	☐

Benjamin

4 **Complete the notes in English for Benjamin.**

Amount of exercise:
2 things necessary to get fit:

Sports he will play (3):

Travel to school:
Will not eat and drink:
Will eat and drink:

5 **Write a short paragraph describing what you will do to be more healthy. Adapt the texts on these two pages, remembering to use the future tense.**

*Studio 3 © Pearson Education Limited 2012*

1 **Read the article. For each symbol below, find the phrase from the text that matches it and write it out.**

Tom

Chère tante Agathe,

Mon problème, c'est que je n'aime pas du tout le sport. Tous mes amis adorent le sport et ils jouent au foot, au basket, au tennis. Mais moi, je ne suis pas sportif et je déteste jouer dans une équipe. Je trouve ça ennuyeux. Ce que j'aime, c'est l'informatique. Je passe des heures sur Facebook et j'adore jouer à des jeux video.

Cependant, je veux être en forme. Je sais que c'est important. Alors, j'ai pris des résolutions.

D'abord, je mangerai et je boirai plus sain. Je ne mangerai plus de sucreries et je ne boirai plus de boissons gazeuses. Hier, j'ai mangé des frites et un hamburger, mais je sais que ce n'est pas bon pour la santé.

Je sais aussi qu'il faut bien dormir, alors je me coucherai de bonne heure, avant dix heures si possible. Hier soir, j'ai regardé la télé jusqu'à onze heures et demie et aujourd'hui je suis très fatigué.

Demain, je commencerai ma nouvelle routine. Je mangerai des fruits et des légumes et je boirai un litre d'eau chaque jour.

Hier, je suis allé au collège en bus, mais demain, j'irai à vélo.

Mais je voudrais vraiment faire plus d'exercice. Pouvez-vous me suggérer un sport? La seule chose que j'aime un peu, c'est courir. J'aime aussi me promener avec mon chien.

Merci d'avance! *Tom*

1 Ils jouent au foot. (present) _____

2 _____

3 _____

4 _____

5 _____

6 _____

2 **Look at the sentences you have written. Note whether each verb is in the past, present or future tense.**

3 **Underline or highlight in the text:**

1 in red all the present tense verbs

2 in blue all the past tense verbs

3 in green all the future tense verbs

4 **Read Tante Agathe's reply to Tom. Try to work out the meaning of the underlined words. Use a dictionary if you need to.**

Tante Agathe

Cher Tom,

Je voudrais te suggérer un sport que tu aimeras peut-être. C'est le <u>cani-cross</u>!

C'est un sport où on doit <u>courir</u> avec un chien. Tu es <u>relié</u> à ton chien par <u>une laisse</u> (longueur maximum de 2 mètres). Le chien doit toujours courir devant toi. <u>Je connais</u> une fille qui adore le cani-cross. Elle aussi, elle déteste tous les sports d'équipe et elle a trouvé que le cani-cross est un sport idéal pour elle. Il faut <u>entraîner</u> ton chien avec les indications (à gauche, à droite, etc.). Si tu veux, il y a des compétitions, mais tu peux <u>également</u> le faire pour garder la forme. Il y a des clubs <u>partout</u> en France. <u>Renseigne-toi</u> sur www.fslc-canicross.net!

Bonne chance! *Tante Agathe*

cani-cross

5 **Read the text again and answer the following questions.**

1 What unusual sport is being suggested?

_____

2 How do you make sure the dog stays with you?

_____

3 Where should the dog run in relation to you?

_____

4 Why did one of Tante Agathe's friends like it?

_____

5 What does the dog have to be trained to recognise?

_____

6 Where can Tom find out more information?

_____

6 **Using Tom's text as a model, write a paragraph (about 150 words) on your resolutions for a healthier lifestyle. Include details of what you do now, what you have done recently and what you will do in the future. Use the prompts below if you wish.**

 Use three tenses together to achieve a higher level in your written work.

Présent

Mon problème, c'est que j'aime ..., je n'aime pas ..., je joue ..., je regarde ...

Passé

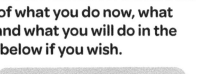

Hier, je suis allé ..., j'ai bu ..., j'ai mangé ..., j'ai regardé ..., j'ai pris des résolutions ...

Futur

Demain, j'irai ..., je mangerai ..., je boirai ..., je me coucherai ...

1 Spend just three minutes reading the article below. Don't worry if you don't understand every word. Note down two facts from each section.

Tu aimes manger des pizzas, des frites, des bonbons? C'est bon ou mauvais pour la santé? Lis ces <u>conseils</u> pour savoir comment manger plus sain.

Les bonbons

Les bonbons sont bons, n'est-ce pas? Mais attention! Il y a plus de 90% de sucre dans les bonbons! <u>Croquer</u> un ou deux bonbons, ça va, mais en manger un paquet, ce n'est pas bon pour la santé. Surtout, ce n'est pas bon pour les dents.

Quelquefois, mange un fruit (pomme, poire, etc.) si tu as faim entre les repas.

Les pizzas

Préparée <u>traditionnellement</u>, la pizza est bonne pour la santé parce qu'il y a des <u>protéines</u> (fromage, œuf, poisson), des légumes et de <u>l'huile d'olive</u>.

Mais souvent, la pizza qu'on achète au supermarché n'est pas aussi bonne pour la santé parce qu'il y a des matières grasses et beaucoup de sel. Pour être sûr(e) que c'est une bonne pizza, prépare toi-même une pizza à la maison. Utilise de l'huile d'olive, et puis mets des tomates et des légumes dessus.

Les frites

Pratiquement tout le monde aime les frites! La pomme de terre est un bon aliment. Dans les pommes de terre, il y des vitamines et des <u>minéraux</u>.

Mais les frites sont très grasses et très mauvaises pour la santé. Que faire? Ne mange pas de frites plus d'une fois par semaine!

aliment	*food*
gras(se)	*fat/fatty*
matières grasses	*fat*

_____

_____

_____

You can often work out new words by their similarity to English words or phrases. Try saying new words aloud, which may help you notice similarities.

2 Try to work out the meaning of the underlined words in the text from their similarity to English words and from the context. Write out the meanings.

_____

_____

3 Make two lists of the food items mentioned in the article: those that are good for you and those that are bad for you.

bon pour la santé	mauvais pour la santé

4 Which of the three foods do the following refer to? Write *bonbons*, *pizzas* or *frites*. Highlight where you found the phrase in the text.

1 eating one or two is OK _____

2 nearly everyone loves them! _____

3 don't eat them more than once a week _____

4 they are not good for your teeth _____

5 the sort you buy at the supermarket are not good _____

6 they contain over 90% sugar _____

7 make them yourself at home _____

5 Research one or two more food items. Use the internet if possible. Write a couple of sentences listing what they contain (protein, fat, etc.) and giving advice on how often to eat them.

le ketchup?
le chocolat?
les hamburgers?

C'est un aliment bon / mauvais.
Ça contient (des protéines, des vitamines, des matières grasses).
C'est / Ce n'est pas bon pour la santé.
Utilise (des légumes, de l'huile d'olive).
Ne mange pas de/d' (bonbons, hamburgers) plus d'une fois par semaine.

Find words and sentences from the text that you can use and adapt. Use the phrases above to help you also.

Les parties du corps • *Parts of the body*

la bouche	*mouth*
le bras	*arm*
le corps	*body*
le dos	*back*
l'épaule (f)	*shoulder*
les fesses (fpl)	*buttocks*
le front	*forehead*
le genou	*knee*
la jambe	*leg*
la main	*hand*
le nez	*nose*
les oreilles (fpl)	*ears*
le pied	*foot*
la tête	*head*
le visage	*face*
les yeux (mpl)	*eyes*

Le sport et le • *Sport and fitness fitness*

Pour arriver en forme, il faut ...	*In order to get fit, you must ...*
avoir un bon programme	*have a good schedule*
bien manger	*eat well*
bien dormir	*sleep well*
être motivé(e)	*be motivated*
faire du sport tous les jours	*do sport every day*
jouer dans une équipe	*play in a team*

Tu aimes le sport? • *Do you like sport?*

Le sport ...	*Sport ...*
diminue le stress	*decreases stress*
est bon pour le moral	*is good for morale*
est important dans la vie	*is important in life*
Ça me fatigue.	*It makes me tired.*
Il faut apprendre à suivre les règles.	*You must learn to follow rules.*

On joue au • *We go paintball paintballing*

Qu'est-ce qui s'est passé?	*What happened?*
Tu es touché(e)?	*Have you been hit?*
Où est-ce que tu es touché(e)?	*Where have you been hit?*
le terrain	*grounds*
les billes (fpl)	*paintballs*
le casque	*helmet*
le matériel	*materials*
les règles (fpl)	*rules*
le fairplay	*fairplay*
le respect	*respect*

Les opinions • *Opinions*

À mon avis, ...	*In my opinion, ...*
Moi, je trouve ça très ennuyeux de ... (+ inf).	*I find it very boring to ...*
Je crois fermement que ...	*I firmly believe that ...*

Vocabulaire

Manger sain • *Healthy eating*

les boissons gazeuses	*fizzy drinks*
les céréales (fpl)	*cereals*
les chips (fpl)	*crisps*
l'eau (f)	*water*
les fruits (mpl)	*fruit*
les gâteaux (mpl)	*cakes*
les légumes (mpl)	*vegetables*
les légumes secs	*pulses*
la nourriture salée	*salty food*
les œufs (mpl)	*eggs*
le pain	*bread*
le poisson	*fish*
les pommes de terre (fpl)	*potatoes*
les produits laitiers (mpl)	*dairy products*
le repas	*meal*
le sel	*salt*
les sucreries (fpl)	*sweets/ confectionery*
la viande	*meat*
manger équilibré	*to have a balanced diet*

Pour être en forme ... • *In order to keep fit ...*

Je ferai du sport.	*I will do sport.*
Je ferai trente minutes d'exercice par jour.	*I will do 30 minutes' exercise a day.*
J'irai au collège à vélo et pas en voiture.	*I will go to school by bike and not by car.*
Je jouerai au foot.	*I will play football.*
Je mangerai équilibré.	*I will eat a balanced diet.*
Je marcherai jusqu'au collège.	*I will walk to school.*
Je ne boirai jamais de boissons gazeuses.	*I will never drink fizzy drinks.*

Je ne jouerai plus à des jeux vidéo.	*I won't play with video games any more.*
Je ne mangerai plus de frites/hamburgers.	*I will not eat chips/ hamburgers any more.*
Je ne prendrai pas le bus.	*I will not take the bus.*
Je prendrai les escaliers.	*I will take the stairs.*
Je prendrai des cours d'arts martiaux.	*I will take martial-arts classes.*

Les mots essentiels • *High-frequency words*

alors	*so/then*
au moins	*at least*
c'est-à-dire	*that is to say*
ce qui veut dire	*which means*
chaque	*each*
d'abord	*first*
de bonne heure	*early*
deux fois par semaine	*twice a week*
donc	*so*
ensuite	*then*
finalement	*finally*
où	*where*
peut-être	*perhaps*
pour le futur	*for the future*
quand	*when*
tous les jours	*every day*
Voilà!	*That's that!/ Here you are!/ There you go!*

1 **Record your Steps for Module 2.**

2 **Look at the Step descriptors on pages 62–63 and set your targets for Module 3.**

3 **Fill in what you need to do to achieve these targets.**

Listening	I have reached _____ Step in **Listening**.
	In Module 3, I want to reach _____ Step.
	I need to _____
Speaking Salut!	I have reached _____ Step in **Speaking**.
	In Module 3, I want to reach _____ Step.
	I need to _____
Reading	I have reached _____ Step in **Reading**.
	In Module 3, I want to reach _____ Step .
	I need to _____
Writing	I have reached _____ Step in **Writing**.
	In Module 3, I want to reach _____ Step.
	I need to _____

1 Es-tu fait pour ce métier?
(pages 54–55)

Cahier rouge
Module 3

1 How many jobs can you find in the wordsnake? Be careful, the words are written backwards! If you get stuck, try looking at the vocab pages.

elbatpmoc | tacovaetsilarénégnicedémnisagamedecirtceridreimrifnirengisedbew

2 Complete the speech bubbles with the jobs from exercise 1.

Quel métier t'intéresse?

1
> Moi, je suis accro à la mode. J'ai toujours adoré les vêtements. Plus tard, je veux être
> _____ .
> **Inès**

4
> Je suis intéressée par la médecine et je veux aussi aider les autres. Plus tard, je veux travailler en Afrique. Je voudrais être
> _____ .
> **Léa**

2
> Ma passion, c'est l'informatique. Je trouve ça toujours fascinant. C'est ma matière préférée au collège. C'est pour ça que je voudrais être
> _____ .
> **Loïc**

5
> Moi, je veux aussi aider les autres mais c'est la justice qui me fascine. Plus tard, je voudrais être
> _____ .
> **Lucas**

3
> Moi, j'ai toujours aimé les maths au collège et j'aime même les devoirs de maths! Ce sont les chiffres qui m'intéressent. Donc, je veux être
> _____ .
> **Lisa**

6
> J'aime bien le contact avec les autres. Je voudrais travailler dans un hôpital, mais je ne veux pas être médecin. Je préférerais être
> _____ .
> **Nicolas**

3 Write your opinion of the jobs listed below using some of the phrases on the right.

1 footballeur
_____

2 vétérinaire
_____

3 chanteur/chanteuse
_____

4 pilote
_____

5 juge
_____

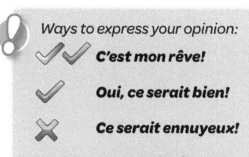

Ways to express your opinion:

✓✓ **C'est mon rêve!**

✓ **Oui, ce serait bien!**

✗ **Ce serait ennuyeux!**

✗✗ **Ça ne m'intéresse pas du tout!**

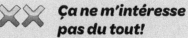

Studio 3 © Pearson Education Limited 2012

1 Choose two phrases to complete each sentence below.

on doit être curieux et ouvert

on doit beaucoup voyager

on peut voyager

on doit acheter et vendre des produits

on doit parler une langue étrangère

on peut rencontrer des personnes intéressantes

1 Si on parle d'autres langues _____

2 Si on veut être commercial export _____

3 Si on veut découvrir le monde _____

2 Complete the following three sentences using one of the modal verbs above. Adapt some of the sentences from exercise 1 if you wish.
  1 Si on veut trouver un bon emploi _____
  2 Si on veut être journaliste de sport _____
  3 Si on veut être joueur de tennis professionnel _____

3 Read the text about learning Chinese and complete the English sentences.

> En 2011, environ 25 000 élèves en France apprennent le chinois au collège. En 2004, il y en avait seulement 9 000 qui l'apprenaient!
>
> Aujourd'hui, c'est la cinquième langue étudiée au collège, devant le russe et l'arabe et après l'anglais, l'espagnol, l'allemand et l'italien.
>
> Mais attention! Le chinois n'est pas une langue facile. L'écriture chinoise utilise des images, il n'y a pas d'alphabet. Pour l'apprendre, on doit avoir une très bonne mémoire.

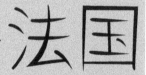

1 In 2011, 25,000 _____.
2 In 2004, there were _____.
3 It's the fifth most studied language ahead of _____ and after _____.
4 The Chinese written language uses _____.
5 To learn it, you have to _____.

1 Read the text about Valentin and underline or highlight all the verbs in the imperfect tense.

Valentin Sanson est dessinateur. Ici, il parle de son enfance et de ce qu'il faisait quand il était ado.

Je n'aimais pas beaucoup le collège et la plupart du temps, je ne faisais pas grand-chose. Je n'aimais pas les maths et le français. Cependant, j'aimais le dessin, alors je travaillais énormément le dessin et la peinture. J'aimais aussi tous les sports et je jouais surtout au football et au handball.

Quand j'étais plus jeune, je savais que je voulais devenir dessinateur, mais je ne savais pas si ce serait possible. En seconde, j'ai quitté mon lycée et j'ai commencé un apprentissage pour me former au métier de graphiste. J'étais très heureux!

ce serait *it would be*

2 Complete the sentences about Valentin in French.

1 Il n'aimait pas beaucoup _____ .

2 Comme matières, il n'aimait pas _____ .

3 Au collège, il aimait _____ .

4 Il jouait au _____ .

5 Il savait qu'à l'avenir, il voulait _____ .

6 Après le lycée, il a _____ .

3 Read the tip box and improve the passage below, using as many of the suggestions as possible.

J'aimais mon collège. J'avais des amis.
J'aimais les sciences. Je n'aimais pas l'anglais.
Je jouais au football et au basket.
Je ne faisais pas mes devoirs.

To improve your writing, use:
- connectives: **et, mais, aussi**.
- time markers: **quelquefois, souvent, tout le temps**.
- intensifiers: **beaucoup, très, vraiment**.
- opinions: **C'était génial! J'adorais** ça.

_____

_____

_____

_____

_____

4 Ta vie sera comment?
(pages 60–61)

Cahier rouge
Module

1 Read the poem aloud with your best pronunciation. It should rhyme! Then work out what the underlined words and phrases mean.

Mon avenir: ce sera comment?

L'année prochaine, j'irai au lycée
Je quitterai le collège et <u>je recommencerai</u>
Je travaillerai bien et j'aurai des amis
Mais après ça, que ferai-je dans la vie?

<u>Deux ans après</u>, je quitterai le lycée
Après ça, je ne sais pas ce que je ferai
Je continuerai peut-être mes études à la fac
Mais ce ne sera possible <u>si je ne réussis pas au bac</u>

Peut-être que je serai médecin généraliste
Mais, quelquefois, je pense que je serai journaliste
J'aime lire, j'aime écrire, j'aime les maths et l'italien
Peut-être que je serai directeur de magasin!

Dans dix ans, j'aurai peut-être une Ferrari
Je voyagerai aux États-Unis, en Europe, en Asie
Peut-être qu'en Australie, <u>je tomberai amoureux</u>
Je rencontrerai la femme de mes rêves et <u>je serai très heureux!</u>

2 Number the pictures in the order they appear in the poem.

a

b

c

d

e

f

g

3 Find in the text from exercise 1 the following verbs in the future tense.

1 I will be _____

2 I will travel _____

3 I will leave _____

4 I will continue _____

5 I will have _____

6 I will go _____

7 I will work _____

8 I will meet _____

4 Read the grammar box on the future tense, then ring the future tense verbs in the wordsearch. Complete the text with the verbs from the wordsearch (→ or ↓).

t	o	m	b	e	r	a	i	q	e	s
r	a	d	f	e	r	a	i	u	w	e
a	u	r	a	i	g	l	e	i	q	r
v	o	y	a	g	e	r	a	t	u	a
a	a	s	m	n	v	o	y	t	i	i
i	r	a	i	b	e	t	o	e	t	h
l	r	u	a	m	l	q	u	r	t	m
l	d	r	a	i	x	e	c	a	e	i
e	t	a	r	s	u	m	s	i	r	r
r	h	i	t	b	e	t	u	g	a	m
a	u	y	a	u	d	i	f	e	r	a

Studio Grammaire

In the future tense, the stem for **-er** verbs is the infinitive. Note the endings that are added to the stem in the singular:

Je *travailler**ai***
Tu *travailler**as***
Il/Elle *travailler**a***

The following verbs have irregular stems but the endings are the same:

avoir: j'**aur*ai***
être: tu **ser*as***
faire: il **fer*a***
aller: elle **ir*a***

Salut! Je m'appelle Justine! J'ai treize ans, mais je pense souvent à l'avenir. L'année prochaine, je ❶ ▨▨▨▨▨ le collège et j' ❷ ▨▨▨▨▨ au lycée.

Dans quatre ans, quand j' ❸ ▨▨▨▨▨ dix-huit ans,
je ❹ ▨▨▨▨▨ des études à la fac.

Dans dix ans, je ❺ ▨▨▨▨▨ amoureuse de quelqu'un de très riche et dans vingt ans, j' ❻ ▨▨▨▨▨ quatre enfants et je
❼ ▨▨▨▨▨ très heureuse.

Mon frère, Rémi, ne pense pas souvent à l'avenir. Il a quinze ans et cette année, il
❽ ▨▨▨▨▨ le collège et il ❾ ▨▨▨▨▨ un apprentissage dans un restaurant.

Il aime voyager et il parle anglais et italien, donc je pense que dans quatre ans, il
❿ ▨▨▨▨▨ et peut-être qu'il ⓫ ▨▨▨▨▨ dans un restaurant à l'étranger.

---

5 Write about Amélie's plans using the following prompts. Remember to use the *elle* part of the verb in the future tense each time.

Amélie a dix-sept ans. L'année prochaine, elle … **Lycée**

Dans deux ans, elle … HÔTEL

Dans quatre ans, quand elle aura vingt-et-un ans, elle …

Dans dix ans, peut-être qu'elle …

Dans vingt ans, je crois qu'elle ….

1 **Read the text, then complete the table below with the correct verbs from the text.**

Quand j'étais ado, j'adorais les langues au collège. Je trouvais l'anglais et l'espagnol assez faciles et le soir, chez moi, je passais souvent des heures à envoyer des e-mails à mon correspondant anglais.

À dix-huit ans, je suis allé à l'université pour étudier les langues. J'ai fait six mois d'études à l'université de Manchester et j'ai passé six mois à Barcelone, en Espagne, comme assistant dans un collège.

Après l'université, j'ai décidé que je voulais utiliser mes langues dans mon métier, et aujourd'hui, je suis interprète!

Robert, 29 ans, interprète à Bruxelles

En quoi consiste le travail d'interprète? Moi, je traduis des discussions entre les personnes qui ne parlent pas la même langue, par exemple dans une réunion entre des chefs d'entreprise européens. Si on veut être interprète, on doit aimer les contacts humains et on doit avoir une bonne culture générale, parce qu'on doit parler de sujets variés. On doit, bien sûr, parler couramment au moins deux langues et on doit être très rapide! Moi, j'adore mon métier car je voyage beaucoup et chaque jour, je rencontre des gens intéressants.

À l'avenir, je voyagerai beaucoup, j'irai peut-être en Amérique du sud ou en Australie. Je rencontrerai bien sûr beaucoup de personnes différentes et je serai certainement très heureux!

imperfect	perfect	present	future
I was	I went	I translate	I will travel
I found	I did	you want	I will go
I spent	I spent	you have to	I will meet
I had	I decided	I travel	I will be

Using different tenses together will help you to get higher marks. You now know four tenses. Look at examples of each tense below and try to look for similar patterns in the text:

imperfect:	j'ét**ais**	present:	j'ador**e**
perfect:	j'**ai** décidé	future:	je passer**ai**

2 **Read the text from exercise 1 again and answer true (✔) or false (✗) for the following sentences.**

1 Robert détestait les langues au collège. ☐

2 Pour Robert, l'espagnol était assez difficile. ☐

3 Il aimait correspondre avec un garçon anglais. ☐

4 Il a étudié à Manchester pendant six mois. ☐

5 Il est allé à l'université à Barcelone. ☐

6 Robert voulait être journaliste. ☐

7 Pour être interprète, il faut aimer rencontrer des gens différents. ☐

8 On doit penser très vite! ☐

9 Robert pense qu'il ne sera pas très heureux. ☐

3 **Copy the verbs in the box under the correct tense in the grid.**

> *j'ai travaillé* on veut ce sera j'adorais j'aurai on peut
> je suis allé je jouais elle a fait elle voyagera il faut aimer
> il a organisé il était il fera elle inventait je suis

imperfect	perfect	present	future
	j'ai travaillé		

4 **Using the text from exercise 1 as a model, write a passage about the person detailed below. Include verbs in the past, present and future.**

- Use as many verbs from this spread as you can.
- Adapt phrases from the text opposite.

Juliette, 32 ans, trader

- **métier:** trader; travaille dans la salle de marchés d'une banque

- **responsabilités:** être en contact avec des clients et d'autres traders; surveille l'évolution des marchés

- **qualités requises:** il faut être un bon négociateur; on doit être fort en statistiques

- **formation/expérience:** un bac S; 4 ans d'études à l'université; un master en maths financières

- **avenir:** voyager et travailler en Chine

Studio 3 © Pearson Education Limited 2012

1 **Read Mélissa's answers and write the questions from the box below in the correct place in the interview.**

Interview avec Mélissa, 28 ans

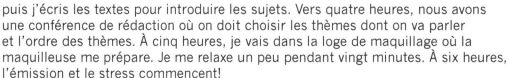

1 _____

Je suis journaliste et présentatrice d'une émission de télé qui est diffusée le matin à six heures!

2 _____

Je dois me lever à deux heures du matin et j'arrive au studio vers trois heures. Je lis les informations, puis j'écris les textes pour introduire les sujets. Vers quatre heures, nous avons une conférence de rédaction où on doit choisir les thèmes dont on va parler et l'ordre des thèmes. À cinq heures, je vais dans la loge de maquillage où la maquilleuse me prépare. Je me relaxe un peu pendant vingt minutes. À six heures, l'émission et le stress commencent!

3 _____

Il faut avoir beaucoup de confiance en soi et il faut être décisif; on doit prendre des décisions très vite. Il faut aimer le stress parce que le journal télévisé, c'est tellement stressant!

4 _____

J'ai étudié le français et l'anglais à l'université, puis j'ai travaillé pour une chaîne d'infos. D'abord, j'ai travaillé dans la rédaction. J'ai aidé à organiser le travail des journalistes. Puis, après quatre ou cinq ans, on m'a offert le poste de présentatrice. Et me voilà!

5 _____

J'adorais le français et les langues au collège, mais je détestais le sport et les sciences. Dès l'âge de douze ans, je savais que je voulais être journaliste, mais je ne savais pas si ce serait possible.

6 _____

Je voyagerai plus à l'étranger et je travaillerai peut-être aux États-Unis ou en Australie. Je dormirai aussi jusqu'à huit heures du matin, ce sera génial!

– Quand tu étais au collège, qu'est-ce que tu voulais faire?

– En quoi consiste ta journée?

– Et que feras-tu à l'avenir?

– Quelles sont les qualités d'une bonne présentatrice?

– Qu'est-ce que tu fais dans la vie?

– Tu as suivi quelle formation?

You won't understand every word in the text. Just concentrate on what you <u>do</u> understand to do the first exercise.

2 **Using four different coloured highlighters, find in the text from exercise 1 four verbs in each of the following tenses:**

- imperfect • perfect • present • future

3 **Read the text from exercise 1 again. Number the following English sentences in the order they are mentioned in the text.**

a I worked for a news channel. ☐

b You have to choose the subjects you're going to talk about. ☐

c I will perhaps work in the US. ☐

d I have to get up at 2 am. ☐

e First of all, I worked in editing. ☐

f I always loved French at school. ☐

4 **Work out the meaning of the following phrases using the context, logic and your grammatical knowledge. See how many you can work out without using a dictionary.**

1 qui est diffusée le matin _____

2 pour introduire les sujets _____

3 beaucoup de confiance en soi _____

4 j'ai aidé à organiser _____

5 on m'a offert le poste _____

6 je ne savais pas si ce serait possible _____

7 je dormirai jusqu'à huit heures _____

5 **Match the following television jobs with their definitions.**

1 réalisateur

2 maquilleuse

3 ingénieur du son

4 reporter

5 scripte

a Je coiffe les présentateurs, je mets de la poudre sur leur visage et du mascara sur les cils des yeux.

b Je fais des reportages sur les événements importants, comme, par exemple, une révolution ou un mariage royal.

c On m'appelle aussi secrétaire de plateau. J'écris tous les détails techniques et artistiques d'une émission de télé, par exemple, les différents mouvements de caméras.

d J'organise le travail des techniciens et des présentateurs. Je suis le directeur du programme.

e Je prépare l'équipement du studio de télévision, ça aide à bien entendre les présentateurs.

Les emplois • *Jobs*

Qu'est-ce que tu veux faire plus tard?	*What do you want to do later?*
Je veux être …	*I want to be a …*
avocat(e)	*lawyer*
botaniste	*botanist*
chanteur/chanteuse	*singer*
chauffeur de taxi/ camion	*taxi/lorry driver*
comptable	*accountant*
diplomate	*diplomat*
directeur/directrice de magasin	*store manager*
footballeur	*footballer*
guide touristique	*tourist guide*
infirmier/infirmière	*nurse*
ingénieur(e)	*engineer*
interprète	*interpreter*
journaliste	*journalist*
juge	*judge*
médecin généraliste	*doctor*
pilote	*pilot*
professeur	*teacher*
sociologue	*sociologist*
vétérinaire	*vet*
webdesigner	*web designer*

Le monde du travail • *The world of work*

acheter	*to buy*
aimer le contact avec les gens/les autres	*to like contact with other people/ others*
discuter	*to discuss*
rencontrer	*to meet*
respecter	*to respect*
rigoler	*to have a laugh (informal)*
vendre	*to sell*
voir	*to see*
voyager	*to travel*

Le travail • *Work*

le boulot	*job (informal)*
l'emploi (m)	*job (more formal)*
le métier	*job/profession*
la profession	*profession*
un stage	*training course/ work placement*
un poste	*post*
un candidat	*candidate*
créatif/créative	*creative*
varié(e)	*varied*

Les opinions • *Opinions*

C'est mon rêve!	*It's my dream!*
Ce serait bien.	*It would be good.*
Pas vraiment.	*Not really.*
Ce serait ennuyeux.	*It would be boring.*
Pourquoi pas?	*Why not?*
Tu rigoles!	*You're joking!*
Ça ne m'intéresse pas du tout.	*That doesn't interest me at all.*

L'importance des langues • *The importance of languages*

C'est un avantage.	*It's an advantage.*
C'est essentiel.	*It's essential.*
C'est un plus.	*It's a plus.*

Quand j'étais plus jeune • *When I was younger ...*

j'étais	*I was*
j'avais	*I used to have*
j'aimais	*I used to like*
je faisais	*I used to do*
je jouais	*I used to play*
je regardais	*I used to watch*
je n'aimais pas	*I didn't use to like*

À l'avenir • *In the future*

Je quitterai le collège.	*I will leave school.*
Je ferai un apprentissage.	*I will do an apprenticeship.*
Je ferai le tour du monde.	*I will go round the world.*
je voyagerai	*I will travel*
je travaillerai	*I will work*
Je tomberai amoureux/ amoureuse de quelqu'un.	*I will fall in love with someone.*
j'habiterai	*I will live*
J'aurai une Ferrari.	*I will have a Ferrari.*
je serai	*I will be*

Des questions • *Questions*

Qu'est-ce que tu fais dans la vie?	*What do you do for a living?*
Est-ce que tu as beaucoup d'expérience?	*Do you have a lot of experience?*
Quelle est ta journée typique?	*What is your typical day like?*
Quelles sont tes responsabilités?	*What are your responsibilities?*
Quelles sont les qualités requises pour ce métier?	*What qualities are required for this profession?*
Quelles langues parles-tu?	*Which languages do you speak?*
Que feras-tu à l'avenir?	*What will you do in the future?*

Être game designer • *Being a games designer*

communiquer	*to communicate*
coordonner	*to coordinate*
créer	*to create*
fonctionner	*to work/function*
inventer	*to invent*
savoir	*to know how to*
travailler en équipe	*to work in a team*
attentif/attentive	*attentive*
frustrant(e)	*frustrating*
motivant(e)	*motivating*
poli(e)	*polite*
rapide	*quick*
solide	*solid*
stimulant(e)	*stimulating*
Côté formation, ...	*As far as training is concerned, ...*
pour ma part	*for my part*
ma propre boîte	*my own company*

Les mots essentiels • *High-frequency words*

car	*for*
comme	*as*
lorsque	*when*
par contre	*on the other hand*
par exemple	*for example*
puisque	*since/as*
si	*if*
surtout	*especially*

1   Record your Steps for Module 3.

2   Look at the Step descriptors on pages 62–63 and set your targets for Module 4.

3   Fill in what you need to do to achieve these targets.

Listening	I have reached _____ Step in **Listening**.
	In Module 4, I want to reach _____ Step.
	I need to _____
	_____
	_____
	_____
Speaking	I have reached _____ Step in **Speaking**.
	In Module 4, I want to reach _____ Step.
Salut!	I need to _____
	_____
	_____
	_____
Reading	I have reached _____ Step in **Reading**.
	In Module 4, I want to reach _____ Step.
	I need to _____
	_____
	_____
	_____
Writing	I have reached _____ Step in **Writing**.
	In Module 4, I want to reach _____ Step.
	I need to _____
	_____
	_____
	_____

1 Note whether each of the following sentences is in the present (PR) or the past (PA) tense.

1 D'habitude, je vais au bord de la mer, en Espagne. ☐

2 J'y suis allée avec ma mère et mes deux frères. ☐

3 On a fait de l'escalade et du VTT. C'était génial. ☐

4 Je trouve ça génial, parce que j'adore nager et me faire bronzer. ☐

5 On est allés en Autriche, à la montagne. ☐

6 Je me fais bronzer, je lis des livres … Enfin je me relaxe, quoi! ☐

2 Unjumble the following questions and write each one above the matching answer from exercise 1.

a allée? avec es-tu qui y

b aimes-tu ce pourquoi de style vacances?

c que as tu fait? qu'est-ce

d vacances? où en vas-tu

e es-tu l'année où allée dernière?

f pendant que les fais-tu vacances?

3 Write an interview using Éva's answers below. Adapt the questions and answers above.

au Portugal
en Grèce
plage, nager
adore le soleil
famille
voile, ski nautique

_____

_____

_____

_____

_____

2 J'adore les sensations fortes!

(pages 78–79)

Cahier rouge
Module

1 Write a sentence for each picture (a–f) using the spider chart. Complete each sentence with further details.

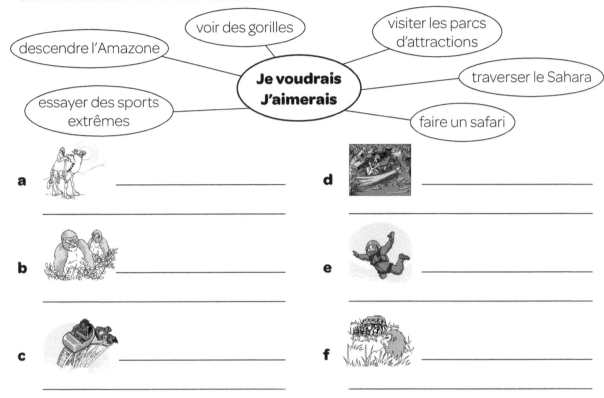

voir des gorilles

descendre l'Amazone

visiter les parcs d'attractions

Je voudrais J'aimerais

traverser le Sahara

essayer des sports extrêmes

faire un safari

a _____

_____

b _____

_____

c _____

_____

d _____

_____

e _____

f _____

2 Read the French texts, then correct the mistakes in the English sentences about them.

Je voudrais bien essayer les sports extrêmes, comme par exemple le parapente ou le parachutisme. Ce serait très cool. Quand il était à l'université, mon père a fait du parachutisme et il a trouvé ça fantastique.

Louis

Pour mes vacances de rêve, j'aimerais faire un voyage extraordinaire. Par exemple, je voudrais traverser le Sahara à dos de chameau ou même faire un safari en Afrique. Ce serait une expérience inoubliable!

Justine

1 Louis would like to try water skiing.
2 He thinks it would be very dangerous.
3 When he was at school, his dad tried parachuting.

4 Justine would like to do an extraordinary walk.
5 She would like to cross the desert on a bike.
6 She thinks it would be an exciting experience.

1 Find and write out six more reflexive verbs listed in the three holiday accounts. Write the English next to each verb.

Normalement, nous allons en vacances à la campagne où il n'y a pas grand-chose à faire. Quelquefois, je m'ennuie, alors cette année, je prendrai plein de livres car j'adore lire. Dans le village où nous passons les vacances, il y a une piscine où ma sœur se baigne tous les jours. Après, elle se coiffe, alors elle emporte toujours son gel coiffant. *Tristan*

Cette année, nous partirons en vacances en voiture. Le voyage sera assez long, donc je m'amuserai avec mon mp3. J'adore écouter de la musique, alors je prends toujours un chargeur. Je dois aussi prendre un adaptateur car nous irons en Irlande et les prises de courant sont différentes. *Rémi*

Studio Grammaire
Reflexive verbs include an extra pronoun (*me*, *te*, *se*, etc.).
*Je **me** coiffe*
*tu **te** coiffes*
*il/elle **se** coiffe*

Quand je suis en vacances, je vais à la plage tous les jours et je me fais bronzer. J'emporte toujours de la crème solaire car je ne veux pas prendre de coup de soleil. Cette année, je prendrai aussi une bombe anti-insectes car je me fais souvent piquer. Tous les jours, après être allée à la plage, je me douche. *Julie*

<u>je m'ennuie – I get bored</u>

_____

_____

2 Who mentions the following? Write the correct name.

1  _____

2  _____

3  _____

4  _____

5 _____

6 _____

7 _____

8 _____

3 Write a paragraph about what you do on holiday and what you need to remember. Use the texts above as models and the prompts on the right if you wish.

- camping
- magazines
- chargeur
- iPod
- lampe de poche

4 Mes vidéos de vacances

(pages 82–83)

1 Complete the following table. If you need help, you will find the missing verbs in the wordsnake at the bottom of the page.

infinitive	present tense	perfect tense	future tense
manger	je mange	j'ai mangé	je mangerai
aller		je suis allé	
avoir		j'ai eu	
faire			je ferai
être	je suis		
prendre		j'ai pris	
mettre	je mets		
rester			je resterai
se baigner		je me suis baigné	

- *Now that you've met the perfect, present and future tenses, it's useful to learn some key verbs together with all their tenses.*
- *To achieve a higher level, you will need to know all the verbs in the table from exercise 1.*
- *When you have completed the table, spend a few minutes each week memorising it.*

2 Complete each sentence below with the correct verb from the completed table, making sure to choose the correct tense.

1 Normalement, _____ une pomme tous les jours.

2 L'année prochaine, _____ dans la piscine tous les jours.

3 La prochaine fois, _____ de la crème solaire.

4 Le weekend dernier, _____ à la maison.

5 Normalement, _____ plein de bouquins en vacances.

6 J'espère que _____ au Portugal l'année prochaine.

7 _____ malade! J'ai vomi toute la nuit!

8 Je prends une grosse bombe anti-insectes car _____ horreur des moustiques!

jerestejevaisj'aifaitjeprendraij'aiétéjemebaignej'aijeseraij'iraijemebaigneraij'aimisjeprendsj'auraijesuisrestéjemettraijefais

3 Number the lines in the correct order, then write out both paragraphs.

1

L'année dernière, j'ai passé des vacances …

plu tout le temps. L'année prochaine, on ira en ☐

désastreuses! D'habitude, ma famille et moi, nous ☐

est allés en Écosse en voiture. D'abord, il a ☐

sortis manger dans un petit restaurant. ☐

passons les vacances en France, mais l'année dernière, on ☐

Grèce où il y aura du soleil. Puis, le premier jour, on est ☐

Mathis

2

On a mangé …

fois, je mettrai plus de crème solaire! ☐

stage de voile sur un lac. Mais, au moins 20 fois, je suis ☐

des lasagnes et après, on a tous été malades. Moi, j'ai ☐

sport plus facile. Enfin, le dernier jour, il a fait ☐

tombé à l'eau. La prochaine fois, je choisirai un ☐

vomi toute la nuit! Ensuite, j'ai fait un ☐

beau et j'ai pris un coup de soleil. La prochaine ☐
Mathis

4 Circle the correct option in each sentence according to the story above.

1 Mathis a passé de **bonnes / mauvaises** vacances.

2 Normalement, il passe ses vacances **à l'étranger / en France.**

3 En Écosse, il a fait **beau / mauvais.**

4 L'année prochaine, ils iront dans un pays **plus chaud / moins chaud.**

5 Après le repas, Mathis **a vomi / n'a pas vomi.**

6 Il est tombé environ **dix / vingt** fois à l'eau.

7 La voile, c'était trop **facile / difficile** pour Mathis.

8 Le dernier jour, il a fait **froid / chaud.**

5 Write about your own holiday disaster – real or imaginary.

L'année dernière, j'ai passé des
vacances désastreuses …

- Remember to use at least three tenses to get a higher grade.
- Use verbs from this spread.
- Highlight phrases you can use and adapt from the text above.

1 Spend one minute looking at the outdoor activities centre brochure and find four activities that you can do there.

Base de Réals

Sports et nature pour tous

La Base de Réals vous offre une aventure sportive!

Escalade
À partir de huit ans, découvrez l'escalade avec notre équipe de moniteurs.

Accro roc
Venez essayer Accro roc: une aventure forte en sensations!

Canoë-kayak
Une activité amusante et rafraîchissante. Descente de rivière: une expérience inoubliable!

Randonnée
Pour les randos aventures ou sportives, notre accompagnateur vous guidera dans le parc naturel du Haut-Languedoc.

Exemples de séjours groupe:

- **Stage Kayak**
  Enfants et ados; 5 jours, 4 nuits incluant 5 séances de kayak et logement sous marabouts:
  149€ par personne

- **Formule multisports**
  Enfants et ados; 5 jours + 4 nuits incluant 5 séances d'activités sportives (canoë, escalade, etc.):
  À partir de 121€ par personne

- **Formule weekend**
  2 jours + 1 nuit; incluant 2 séances d'activités sportives (escalade, canoë).
  À partir de 50€ par personne

2 Imagine you've just visited this centre. Complete the French sentences below.

1 La semaine dernière, je suis allé(e) ... *(where you went)* _____

2 À la Base de Réals, j'ai fait ... *(what you did)* _____
_____

3 C'était ... *(your opinion)* _____

4 Je voudrais / Je ne voudrais pas y retourner, parce que ... *(go back there? why?)* _____

5 La prochaine fois, je voudrais ... *(what to do next time)* _____

3 Read the text and complete the English summary below.

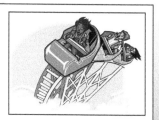

Cet été, j'ai passé mes vacances avec ma famille dans la région Rhône-Alpes, dans le sud-est de la France. Un jour on a visité le parc d'attractions **Walibi Rhône-Alpes**. Je suis une vraie fan de sensations fortes, alors le matin, j'ai fait tous les manèges à sensation (Zigzag, Boomerang, Tomahawk). C'était terrifiant, mais très cool. Mais attention avec le Boomerang: ne mange pas avant! Mon père a détesté le Boomerang parce qu'il a mangé un sandwich avant, et après, il a vomi! Ma mère et mon frère l'ont beaucoup aimé. Ils aiment aussi les sensations fortes.

On a passé l'après-midi dans la zone aquatique parce qu'il faisait très chaud. Il y avait quatre immenses toboggans, des cascades et une piscine à vagues. Je me suis bien amusée dans les cascades, et puis après, je me suis fait bronzer. J'ai acheté des crêpes et une énorme glace italienne.

Je recommande la visite d'un parc Walibi, c'était vraiment fantastique! Je voudrais y retourner l'année prochaine. *Lucie*

Lucie spent her **1** _____ with her **2** _____ in the Rhône-Alpes region of France.

One day they visited **3** _____ . Lucie loves **4** _____ .

In the morning she **5** _____ . She advises **6** _____ before going on the Boomerang ride. Her dad **7** _____ but her mum and brother **8** _____ .

They spent the afternoon in the **9** _____ because **10** _____ . There were four huge toboggans, **11** _____ .

Lucie enjoyed herself and **12** _____ . She bought **13** _____ .

She would like to **14** _____ .

---

4 Write about your own visit to a theme park. Use the phrases from exercise 2 and the text in exercise 3.

- *Remember to use at least three tenses if you want to get a high mark.*
- *To help you, use different colours to highlight verbs from each tense in the text above. Use this checklist to help you:*

present tense	*J'adore … Je suis fan de …*
perfect tense	*J'ai (fait … mangé …)/Je suis allé(e) …*
imperfect tense	*C'était (fantastique/super).*
conditional	*Je voudrais (retourner) …*
future tense	*J'irai (avec mes copains).*

1 Read the text about holidays and tick the correct option from each of the multiple-choice sentences.

Où vont les jeunes Français en vacances?

En France, les enfants et ados ont dix-sept semaines de vacances chaque année:
- neuf semaines en juillet et août,
- deux semaines à Noël et deux semaines à Pâques,
- deux semaines en novembre et deux semaines en février.

Savez-vous que ...?
- Quatre-vingts pour cent des jeunes passent leurs vacances en France.
- Plus de cinquante pour cent des jeunes préfèrent passer leurs vacances au bord de la mer.
- Cinquante pour cent des jeunes préfèrent des vacances sportives.
- S'ils vont à l'étranger, leurs pays préférés sont l'Espagne, le Portugal, l'Italie et la Grande-Bretagne.
- En hiver, quarante pour cent des Français préfèrent passer leurs vacances à la montagne.
- Sept millions de Français font regulièrement des sports d'hiver comme le ski ou le snowboard.
- Beaucoup de jeunes qui ont plus de seize ans travaillent pendant les vacances d'été pour gagner de l'argent.
- Pour travailler dans une région touristique, on doit parler une ou deux langues étrangères.

1 Le nombre total de semaines de vacances:
- **a** 18
- **b** 17
- **c** 16

2 Le nombre de semaines de vacances en été:
- **a** 2
- **b** 7
- **c** 9

3 Le pourcentage de jeunes qui passent les vacances en France:
- **a** 90%
- **b** 80%
- **c** 60%

4 Première destination à l'étranger:
- **a** l'Australie
- **b** la Grèce
- **c** l'Espagne

5 Le pourcentage de Français qui aiment les vacances à la montagne:
- **a** 40%
- **b** 50%
- **c** 60%

6 Pour travailler dans le tourisme, on doit:
- **a** parler beaucoup
- **b** parler des langues étrangères
- **c** habiter une grande ville

2 Summarise the text in English, in six bullet points.

3 **Read Maxime's holiday account and answer the questions below in French for him.**

Normalement, en été, je vais en vacances avec ma famille, mais cette année, je vais faire quelque chose de différent. D'abord, en juillet, je travaillerai dans un hôtel pour gagner de l'argent. Puis, en août, j'irai dans le sud de la France avec deux copains et on fera du camping. J'adore les sports nautiques alors je ferai du canoë-kayak et aussi de la planche à voile. J'adore ça!

Maxime, 18 ans

L'année dernière, je suis allé à Nice avec ma famille et j'ai fait un stage de planche à voile. D'abord, c'était difficile et je suis tombé à par l'eau au moins vingt fois par jour, mais finalement, j'ai adoré.

Cette année, on ira aussi à un festival de rock. En été, dans le sud, il y a un bon nombre de festivals musicaux. Il y a un peu de tout pour les goûts différents: du jazz, du rock, du pop. La musique que je préfère, c'est le rock. Je joue dans un groupe de rock et je prendrai ma guitare quand j'irai en vacances.

On passera de très bonnes journées: je dormirai le matin et puis, l'après-midi, je me ferai bronzer et je me baignerai dans la mer. Le soir, on ira à un concert puis on se couchera très tard. Ce sera fantastique!

1 Qu'est-ce que tu feras en juillet? _____

2 Où iras-tu en août? _____

3 Avec qui y iras-tu? _____

4 Que feras-tu en vacances? _____

5 Où es-tu allé l'année dernière et avec qui? _____

6 Qu'est-ce qu'il y a dans le sud en été? _____

7 Que feras-tu pendant la journée? _____

4 **Using the questions above, write an interview giving your own answers (real or imaginary).**

Les vacances • *Holidays*

Je vais en vacances ...	*I go on holiday ...*
au bord de la mer	*to the seaside*
à la campagne	*to the countryside*
à la montagne	*to the mountains*
J'y vais ...	*I go there ...*
avec ma famille	*with my family*
J'y reste ...	*I stay there ...*
une semaine/quinze jours/un mois	*one week/ a fortnight/ a month*
Je pars en colo.	*I go to a holiday camp.*
Je pars en classe de neige.	*I go on a winter-sports holiday.*
On fait du camping.	*We go camping.*

Les activités de vacances • *Holiday activities*

Je fais ...	*I do/go ...*
du canoë-kayak	*canoeing*
du VTT	*mountain biking*
du ski nautique	*water skiing*
du snowboard	*snowboarding*
de la plongée sous-marine	*scuba diving*
de la voile	*sailing*
de la planche à voile	*windsurfing*
de l'équitation	*horse riding*
de l'escalade	*climbing*
des randonnées dans la forêt	*hiking in the forest*
Je vais à la pêche.	*I go fishing.*
Je prends des cours de ski.	*I have skiing lessons.*
J'ai fait un stage (de voile).	*I did a (sailing) course.*
Il n'y a pas grand-chose à faire.	*There's not much to do.*

Mes rêves • *My dreams*

Je voudrais .../ J'aimerais ...	*I would like to ...*
descendre l'Amazone en canoë	*go down the Amazon in a canoe*
essayer des sports extrêmes	*try some extreme sports*
faire un safari en Afrique	*go on safari in Africa*
passer des vacances sur une île déserte	*spend the holidays on a desert island*
traverser le Sahara à dos de chameau	*cross the Sahara by camel*
visiter tous les parcs d'attractions du monde	*visit all the theme parks in the world*
voir des gorilles en liberté	*see gorillas in the wild*

Les réactions • *Reactions*

Oua-a-a-is! Cool!	*Yeah! Cool!*
Bonne idée!	*Good idea!*
Ce serait génial/ super.	*That would be great.*
Quelle horreur!	*How horrible!*
Tu rigoles!	*You must be joking!*
Ce serait trop ...	*That would be too ...*
dangereux/tranquille pour moi	*dangerous/quiet for me*
Ce n'est pas mon truc.	*It's not my kind of thing.*

Les verbes pronominaux • *Reflexive verbs*

Je me baigne.	*I swim.*
Je me coiffe.	*I do my hair.*
Je me couche.	*I go to bed.*

Je me douche.	*I have a shower.*
Je me fais bronzer.	*I sunbathe.*
Je me fais piquer.	*I get stung.*
Je m'amuse.	*I have fun.*
Je m'ennuie.	*I get bored.*

L'eau est entrée dans la tente.	*Water came into the tent.*
Je suis tombé(e) à l'eau.	*I fell in the water.*
J'ai été malade.	*I was ill.*
On a tous été malades.	*We were all ill.*
C'est dommage.	*What a shame.*
C'est pas drôle, ça.	*That's not funny.*

Les affaires de vacances • *Holiday items*

un adaptateur	*an adaptor*
un chargeur (pour mon mp3)	*a charger (for my mp3)*
un chapeau de paille	*a straw hat*
un tuba	*a snorkel*
un sac à dos	*a rucksack*
une bombe anti-insectes	*an insect-repellent spray*
une lampe de poche	*a torch*
de la crème solaire	*sun cream*
du gel coiffant	*hair gel*
des lunettes de plongée (fpl)	*swimming goggles*
des palmes (fpl)	*flippers*
des tongs (fpl)	*flip-flops*
plein de bouquins (mpl)	*loads of books*

À la base de loisirs • *At the leisure park*

J'ai …/On a …	*I …/We …*
fait du tir à l'arc	*did archery*
fait de la planche à voile	*went windsurfing*
fait du trampoline	*did trampolining*
fait de la baignade	*went swimming*
fait une balade en barque	*went on a boat ride*
joué aux boules	*played boules*
joué sur des structures gonflables	*played on a bouncy castle*
loué un pédalo	*hired a pedalo*

T'as passé de bonnes vacances? • *Did you have a nice holiday?*

Pas vraiment.	*Not really.*
C'était un désastre.	*It was a disaster.*
Je suis resté(e) trop longtemps au soleil.	*I stayed in the sun too long.*
J'ai pris un coup de soleil.	*I got sunburnt.*
Il a plu tout le temps.	*It rained all the time.*

Les mots essentiels • *High-frequency words*

avec qui?	*with whom?*
combien de?	*how much/how many?*
que? qu'est-ce que?	*what?*
pourquoi?	*why?*
y	*there*
quel(le)(s)	*which?/what*
toujours	*always*
prochain(e)(s)	*next*

Studio 3 © Pearson Education Limited 2012

1 Record your Steps for Module 4.

2 Look at the Step descriptors on pages 62–63 and set your targets for Module 5.

3 Fill in what you need to do to achieve these targets.

Listening	I have reached _____ Step in **Listening**.
	In Module 5, I want to reach _____ Step.
	I need to _____
	_____
	_____
	_____
	_____
Speaking	I have reached _____ Step in **Speaking**.
	In Module 5, I want to reach _____ Step .
	I need to _____
	_____
	_____
	_____
	_____
Reading	I have reached _____ Step in **Reading**.
	In Module 5, I want to reach _____ Step.
	I need to _____
	_____
	_____
	_____
	_____
Writing	I have reached _____ Step in **Writing**.
	In Module 5, I want to reach _____ Step.
	I need to _____
	_____
	_____
	_____
	_____

1 Complete the forum entries with the missing words from the box below.

Mimi14
J'ai le droit de surfer sur Internet le soir si j'ai fait mes **①** _____ mais je n'ai pas le droit d'aller sur Facebook après dix **②** _____ du soir.

fooTy15
J'ai le **③** _____ de sortir avec mes copains le weekend, mais seulement si je **④** _____ avant dix heures et demie. Je n'ai pas le droit de sortir en semaine.

Missi5
J'ai le droit de sortir seule si mes **⑤** _____ savent où je vais. J'ai aussi le droit d'aller au MacDo si j'ai mon **⑥** _____ sur moi.

rap99
J'ai le droit de regarder la télé jusqu'à dix heures du soir **⑦** _____ j'ai aidé à la maison. Je n'ai pas le droit **⑧** _____ sur les forums en semaine, mais j'ai le droit d'y aller le weekend si j'ai fini mes devoirs.

| *si* | *rentre* | *heures* | *portable* | *d'aller* | *devoirs* | *droit* | *parents* |

2 Complete each sentence with the correct name and the condition on which they're allowed to do each activity.

1 _____ is allowed to watch the TV until 10 pm if _____

2 _____ is allowed to go out with friends at the weekend if _____
_____

3 _____ is allowed to go on the internet in the evening if _____
_____

4 _____ is allowed to go to McDonald's if _____

5 _____ can go on forums at the weekend if _____

6 _____ is allowed to go out alone if _____

3 Answer the following questions for yourself. Include any conditions.

1 Tu as le droit de sortir le vendredi soir?
_____

2 Tu as le droit de surfer sur Internet en semaine?
_____

3 Tu as le droit d'aller seul(e) en ville?
_____

4 Tu as le droit d'aller au cinéma le weekend?
_____

1 Write the missing words from each text in the puzzle.

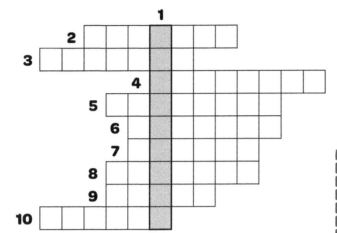

cruauté   études   pauvreté
famille   racisme   argent
santé   violence   planète

Ce qui est important pour moi, c'est ma

(2) et après ça, ce sont mes **(7)** 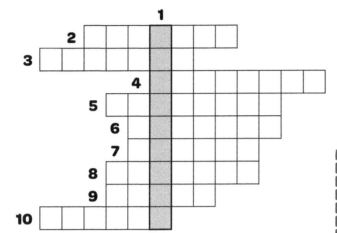 .

Elles comptent beaucoup pour moi.

Ce qui me préoccupe, c'est tout d'abord l'injustice.

Par exemple, la **(4)** . Chacun a le droit

d'avoir assez d'argent pour vivre. Une chose que je

n'arrive pas à comprendre, c'est la **(5)** 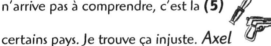 dans

certains pays. Je trouve ça injuste. *Axel*

Pour moi, ce qui est **(1)** c'est la

(9) . Après ça, c'est

l'**(10)** . Il faut avoir de

l'argent pour vivre.

Ce qui me préoccupe, c'est l'état

de la **(8)** et aussi la

(6) envers les animaux. Je ne la

comprends pas. Mais s'il y a une chose

que je n'arrive pas du tout à comprendre,

c'est le **(3)** . J'ai horreur de ça.

Pauline

2 Note two things that are important to each person and two things that each is concerned about.

_____

_____

_____

_____

3 Choose one of the texts from exercise 1. Adapt it to say what's important to you and what you're concerned about.

○ Ce qui est important pour moi, c'est...
○ Ce qui me préoccupe, c'est...

l'argent   mes études   l'état de la planète
ma santé   la musique   la pauvreté
la faim dans le monde   mes amis
le racisme   la cruauté envers les animaux

3 Tu vas l'acheter? (pages 104–105)

Cahier rouge
Module 5

1 Choose one expression from each column to write a sentence about each picture.

Si un produit ...

est bon marché, ... est écolo, ... me plaît, ...	je l'achète car ... je ne l'achète pas parce que ...	nous devons protéger l'environnement. je crois qu'il faut respecter les gens. le prix est la chose la plus importante. les conditions de travail des ouvriers ne m'intéressent pas. ces produits sont souvent fabriqués par des enfants.

1 €3·   *Si un produit* _____
_____

2 _____
_____

3 _____
_____

4 _____
_____

5 _____
_____

2 Read the text and answer the questions below in English.

engrais	*fertiliser*

Si vous vous intéressez à l'environnement et si vous aimez la nature, achetez cet imperméable. Il est fait avec un plastique spécial à base de pommes de terres. Si vous n'aimez pas les produits qui sont fabriqués dans des conditions de travail inacceptables, c'est bien sûr le produit pour vous! De plus, il est 100% biodégradable. S'il est trop petit pour vous, on peut le planter dans le jardin et en quelques mois, il se transformera en engrais!

1 Who might be interested in this item? _____

2 What is the item and what is it made from? _____

3 You might like this item if you don't like which kind of product? _____
_____

4 What is another feature of this item? _____

5 What can you do with this item if it's too small? _____

1 Take 2–3 minutes to read the two texts and for each of them note in English three facts that you understood.

- *Ignore the words you don't know at first.*
- *Concentrate on what you <u>do</u> understand!*

Salut! Je m'appelle Sarah et j'habite à Genève, en Suisse. Pour moi, le bonheur, c'est le trampoline. Je suis championne junior de ma région et j'ai déjà gagné cinq concours. J'en fais depuis l'âge de huit ans et j'y suis complètement accro!

Je dois pratiquer le «trampo» tous les jours. Avant un concours, je dois en faire au moins cinq heures par jour. C'est vraiment fatigant, mais j'adore ça. On dit que ce sport peut être dangereux, mais avec un bon entraîneur, on apprend à être en sécurité.

Je pratique aussi le trampoline synchronisé avec ma copine Sophie au moins quatre fois par semaine. Ensemble, nous avons gagné quatre championnats régionaux. À l'avenir, je voudrais devenir championne nationale et avec Sophie, on aimerait gagner les championnats nationaux.

Oui, à part ma famille et mes copains, le trampoline, c'est la chose la plus importante dans ma vie. *Sarah*

Salut! Je m'appelle Noémie et j'habite à Montréal, au Canada. Pour moi, le bonheur, c'est d'être avec ma famille, surtout avec mes parents et mes grands-parents. Mais après ça, ce qui me rend vraiment heureuse, c'est d'être «cheerleader» aux matchs de hockey sur glace.

Quand j'étais plus jeune, j'allais aux matchs de hockey sur glace avec mon père. Je n'aimais pas tellement le hockey, mais j'adorais regarder les «pom-pom girls» et je me suis dit: Un jour, je ferai ça! À l'âge de treize ans, j'ai commencé à être «cheerleader». D'abord, c'était très difficile, mais peu à peu, j'ai appris des chorégraphies et des chants.

Tous les samedis, on va au match et on fait des chorégraphies chantées pour soutenir notre équipe. Quand je fais ça, j'oublie tout et je me sens vraiment heureuse. Un jour, je voudrais faire du cheerleading à la finale du championnat de hockey sur glace. Ce sera fantastique! **Noémie**

_____

_____

_____

2 **Look at the detail of the texts from exercise 1. Note whether the following are referred to in the present, past or future tense.**

Sarah

1 junior champion of her region: _____

2 five competitions: _____

3 four regional championships: _____

4 synchronised trampolining – four times a week: _____

5 national championships: _____

Noémie

6 ice hockey matches with dad: _____

7 watching cheerleaders: _____

8 choreographed chants: _____

9 feel happy: _____

10 final of the ice hockey championships: _____

3 **Read the texts again and complete the following sentences in French.**

1 Sarah habite _____

2 Elle a gagné _____

3 Elle pratique le trampoline synchronisé _____

4 Un jour, elle voudrait _____

_____

5 Pour Noémie, ce qui la rend heureuse, c'est _____

6 Quand elle était plus jeune, elle _____

7 À l'âge de treize ans, elle _____

8 Un jour, elle voudrait _____

4 **Adapt one of the texts to write about Samuel, who loves mountain biking.**

• Remember to include at least three tenses to get a higher mark.

• Look for examples of different tenses in the text and adapt those phrases. Use the prompts below to help you also.

Present: **Ce qui me rend heureux, c'est ... Le bonheur, c'est ...**

Past: **Quand j'étais plus jeune, je ... J'ai commencé ... J'ai fait ...**

Conditional: **À l'avenir, je voudrais ... J'aimerais ...**

Future: **Ce sera ... Je ferai ... J'aurai ...**

Studio 3 © Pearson Education Limited 2012

1 **Read the text and pick out four or five points that you understood.**
Note them down in English.

- *When looking at a longer text, read it through quickly the first time to understand the gist. Concentrate on the words and phrases you understand.*
- *Read the text again in more detail and try to work out the meaning of unfamiliar words using logic, context and common sense. Some words may look similar to English words, which may also help you work out their meaning.*
- *As a last resort, look up no more than eight words in a dictionary.*

Les sorties

Tu as le droit de sortir avec tes copains le weekend?
Tu as le droit de rentrer à onze heures?

À 13–14 ans, il n'est pas toujours facile de négocier ton indépendance avec tes parents. Il est difficile pour tes parents d'accepter le besoin d'indépendance de leur enfant. Tu dois convaincre tes parents que tu es prêt(e) à être indépendant(e). Par exemple, tu peux faire tes devoirs ou tu peux mettre la table ou ranger ta chambre sans protester. Ce genre de choses préparent bien ta future indépendance.

Quand tu veux sortir, il est aussi très important de respecter les règles fixées par tes parents. Ce serait une bonne idée que tes parents rencontrent tes ami(s).

Quand tu négocies les sorties, tu dois bien écouter et comprendre les inquiétudes de tes parents. Tu dois discuter des problèmes possibles. Mais finalement, ce sont tes parents qui décident: ils ne doivent pas accepter tes conditions à toi!

Voici quelques conseils:

- Ne parle pas avec tes parents de tes projets de sortie au dernier moment.
- Note l'endroit et les heures du rendez-vous pour tes parents.
- Invite tes copains à la maison avant de sortir. Donne à tes parents un numéro de téléphone où te contacter.
- Explique qui va être là: adultes, copains, etc.
- Explique comment tu vas revenir à la maison et téléphone à l'avance si tu vas être en retard.
- Ne fais pas tes devoirs à la dernière minute.

_____

_____

_____

_____

2 **Find the French for the following phrases in the text from exercise 1.**

1 negotiate your independence _____

2 you have to convince your parents _____

3 without protesting _____

4 respect the rules fixed by _____

5 how you will get back _____

6 if you are going to be late _____

3 **Correct the mistake in each of the English sentences about the text.**

1 It's always easy to negotiate independence with your parents.

2 It's difficult for parents to accept that you want to stay at home.

3 You have to convince your parents that you are ready to do whatever you like.

4 When you want to go out, change the agreed return time at the last minute.

5 It's also a good idea for your parents not to know your friends.

6 Your parents have to accept what you say.

4 **Summarise in English the advice given in the six bullet points.**

_____

_____

_____

_____

_____

_____

5 **Answer these questions in French.**

1 Est-ce facile de négocier de l'indépendance? _____

2 Qu'est-ce que les parents ne peuvent pas accepter? _____

3 Qu'est-ce qu'on doit faire pour préparer sa future indépendance? _____

_____

4 Qu'est-ce qu'on doit respecter quand on veut sortir? _____

5 Qu'est-ce qu'on doit discuter? _____

6 Qui décide, finalement? _____

6 **Using *je dois* or *je ne dois pas*, adapt the sentences in the six bullet points to say what you have to do.**

Je ne dois pas parler avec mes parents de mes projets de sortie au dernier moment.

Remember that you need an infinitive after **je dois**:
Je dois parler – I have to speak

You may also have to change other words, e.g. **tes → mes** (*your → my*).

1 Circle the odd one out in each group of verbs (1–8).
Write the letter of the correct reason (a–e) alongside.

1   je fais   tu étais   nous mangeons   il est   ☐ _____

2   j'ai pris   tu as mangé   il a fait   elle a faim   ☐ _____

3   c'était   il faisait   je mangerai   tu étais   ☐ _____

4   je voudrais   je ferai   elle aura   tu seras   ☐ _____

5   tu préférerais   j'aimerais   il aimerait   tu voudras   ☐ _____

6   elle est sympa   je suis allé   il est resté   tu es sorti   ☐ _____

7   j'irai   j'étais   il sera   vous aurez   ☐ _____

8   j'adorais   il était   elle adorera   tu avais   ☐ _____

parce que ...

a   le verbe n'est pas au futur   **d**   le verbe n'est pas au conditionnel

b   le verbe n'est pas au passé   **e**   le verbe n'est pas à l'imparfait

c   le verbe n'est pas au présent

2 Choose a verb from the box to replace each of the odd-ones-out from exercise 1.

> il avait   tu feras   elle aime   on est parti   on faisait
> nous avons mangé   il jouera   elle voudrait

3 Choose a verb from each group in exercise 1 and write a sentence containing it. Use your imagination!

> *Je fais du ski et du snowboard tous les jours.*

Studio Grammaire

You have now met five tenses in **Studio 3**:

The **present** to say what you **do** or **are doing**:	*Je **joue** au foot.* *Tu **aimes** la télé?*
The **perfect** to say what you **did** or **have done**:	*J'**ai mangé** une pizza.* *Il **est allé** en ville.*
The **imperfect** to say what you **used to do** or to say what something **was like**:	*J'**adorais** les bonbons.* *C'**était** fantastique!*
The **future** to say what you **will do**:	*Je **mangerai** plus de fruits.* *Elle **sera** riche.*
The **conditional** to say what you **would do**:	*Je **voudrais** habiter une grande maison.* *Elle **voudrait** danser.*

4 **Complete the crossword using the correct tense of the verb given.**

> To help you know which tense to use, look at the rest of the sentence. Any time expressions used, for example, should give you a clue.

→

4 Hier soir, je suis allé à un concert. C'[*être*] génial!

5 Normalement, il [*passer*] des heures sur Facebook.

7 D'habitude, le weekend, on [*aller*] en ville.

9 Si tu étais riche, tu [*aller*] en Australie.

11 Le weekend dernier, je [*aller*] au cinéma.

14 L'été prochain, on [*aller*] en Suisse.

15 Si j'étais riche, j'[*acheter*] une grande voiture.

↓

1 Qu'est-ce que tu [*faire*] en vacances, l'année dernière?

2 Hier, elle [*jouer*] au tennis.

3 À partir de la semaine prochaine, je ne [*manger*] plus de frites.

6 Si elle était sympa, elle [*avoir*] beaucoup d'amis.

7 L'année prochaine, on [*voyager*] en voiture.

8 Hier soir, elle [*sortir*] avec ses copains.

10 Je [*faire*] mes devoirs tous les soirs.

12 Quand j'étais petit, j'[*adorer*] le chocolat.

13 Qu'est-ce que tu [*faire*] demain?

Mes droits • *My rights*

J'ai le droit de/d' ...	*I am allowed to ...*
aller au MacDo avec mes copains	*go to McDonald's with my friends*
aller sur des forums	*go onto forums*
aller sur Facebook	*go on Facebook*
jouer à des jeux vidéo	*play video games*
regarder la télé jusqu'à onze heures du soir	*watch TV until 11 pm*
sortir avec mes copains le weekend	*go out with my friends at the weekend*
sortir seul(e)	*go out by myself*
surfer sur Internet une heure par jour	*surf the net for one hour per day*

Les conditions • *Conditions*

si j'ai aidé à la maison	*if I have helped around the house*
si j'ai fini mes devoirs	*if I have finished my homework*
si j'ai mon portable sur moi	*if I have my phone on me*
si je rentre avant dix heures du soir	*if I get back before 10 pm*
si je veux	*if I want*
si mes parents savent avec qui je suis	*if my parents know who I am with*
si mes parents savent où je vais	*if my parents know where I am going*

Les réactions • *Reactions*

Mais ce n'est pas juste!	*But it's not fair!*
C'est tout à fait normal.	*That's quite right.*
Ce n'est pas du tout normal.	*That's not right at all.*
C'est fou!	*That's crazy!*

On te traite comme un enfant.	*They are treating you like a child.*
Mais révolte-toi!	*Rebel!*
Tes parents exagèrent!	*Your parents are going too far!*

Les expressions avec *avoir* • *Expressions with avoir*

avoir envie de	*to want to*
avoir faim	*to be hungry*
avoir le droit de	*to be allowed to (literally: to have have the right to)*
avoir raison	*to be right*
avoir soif	*to be thirsty*
avoir tort	*to be wrong*
en avoir marre de	*to be fed up of*

Qu'est-ce qui est important pour toi dans la vie? • *What is important for you in life?*

Ce qui est important pour moi, c'est ...	*What is important for me is ...*
Qu'est-ce qui te préoccupe dans la vie?	*What worries you in life?*
Ce qui me préoccupe, c'est ...	*What worries me is ...*
l'argent (m)	*money*
la cruauté envers les animaux	*cruelty to animals*
l'état de la planète	*the state of the planet*
mes études (fpl)	*my studies*
la faim dans le monde	*hunger in the world*
l'injustice (f)	*injustice*
la musique	*music*
la pauvreté dans le monde	*poverty in the world*

Vocabulaire

ma santé	*my health*
la violence	*violence*
le racisme	*racism*

Des verbes utiles • *Useful verbs*

acheter	*to buy*
adopter	*to adopt*
agir	*to act*
consommer	*to consume*
énerver	*to get on someone's nerves*
exploiter	*to exploit*
fabriquer	*to make*
faire attention	*to pay attention*
devenir membre	*to become a member*
participer (à)	*to take part (in)*
penser	*to think*
protéger	*to protect*
respecter	*to respect*

Faire des achats • *Shopping*

bon marché	*cheap*
le commerce équitable	*fair trade*
les conditions de travail	*working conditions*
écolo	*green*
l'éthique sur l'étiquette	*ethical labelling*
l'ouvrier/ouvrière	*worker*
le produit	*product*

Qu'est-ce que c'est pour toi, le bonheur? • *What does happiness mean for you?*

Qu'est-ce qui te rend heureux/heureuse?	*What makes you happy?*
Ce qui me rend heureux, c'est de/d' (+ *infin*)	*What makes me happy is to …*

Ce qui me rend heureux, c'est le/la/les (+ *noun*)	*What makes me happy is …*
Le bonheur, c'est quand …	*Happiness is when …*
accro	*hooked*
l'amitié (f)	*friendship*
apprécier	*to appreciate*
déprimé(e)	*depressed*
décédé(e)	*passed away/ deceased*
oublier	*to forget*
rester au lit	*to stay in bed*
réussir	*to succeed*
se retrouver	*to meet up*
se sentir	*to feel*
rigoler	*to have fun (informal)*

Les mots essentiels • *High-frequency words*

à mon avis	*in my opinion*
au lieu de	*instead of*
avant tout	*above all*
comment	*how*
complètement	*completely*
être d'accord	*to agree*
franchement	*frankly*
malheureusement	*unfortunately*
malgré	*in spite of*
même	*even*
plein de	*loads of*
pour (+ *infin*)	*in order to*
pourtant	*however*

Record your Steps for Module 5.

Listening	I have reached _____ Step in **Listening**.
Speaking Salut!	I have reached _____ Step in **Speaking**.
Reading	I have reached _____ Step in **Reading**.
Writing	I have reached _____ Step in **Writing**.

Look back through your workbook and note down the Step you achieved in each skill by the end of each Module.

	Listening	Speaking Salut!	Reading	Writing
1 Ma vie sociale d'ado				
2 Bien dans sa peau				
3 À l'horizon				
4 Spécial vacances				
5 Moi dans le monde				

You now have a record of your progress in French for the whole year.

Studio 3 © Pearson Education Limited 2012

Attainment Target 1:

Listening and responding

4th Step	I can understand the main points and opinions from spoken passages and some of the detail. I can recognise if people are speaking about the future **OR** the present.
5th Step	I can understand opinions, details and reasons in spoken passages. I can recognise if people are speaking about the future **OR** the past as well as the present.
6th Step	I can understand details and opinions with reasons in short and longer passages. Recognise if people are speaking about the present, past or future.
7th Step	I can pick out meaning and understand overall message, key points and detail in a range of passages which include some unfamiliar vocabulary. Recognise when people are speaking about the present, past or future.

Attainment Target 2:

Speaking

4th Step	I can take part in simple conversations speaking about the present or future. Give my opinions with simple reasons. Start to speak spontaneously (e.g. give my opinion without being asked).
5th Step	I can take part in simple conversations on a range of topics. Describe, give information and express my opinions with reasons. Speak spontaneously (e.g. ask unexpected questions). Speak about the future **OR** the past as well as the present.
6th Step	I can take part in longer conversations. Express and explain my opinions with details. Speak spontaneously by asking unexpected questions and adding more to my answers. Speak about the past, present **AND** future.
7th Step	I can start and develop conversations and describe events. Speak spontaneously by asking/responding to unexpected questions and adding more to my answers. Speak about the past, present **AND** future.

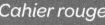

Attainment Target 3:

Reading and responding

4th Step	I can understand the main points, opinions and some detail in short texts (including simple poems and songs). Use a bilingual dictionary or glossary to look up unfamiliar words. Recognise if the texts are about the future or the present.
5th Step	I can understand the main points, opinions and detail in a range of shorter and longer texts (including poems and songs). Recognise if the texts are about the future **OR** the past as well as the present.
6th Step	I can understand the main points, opinions and details in a range of shorter and longer texts. Recognise verbs in the past, present and future in the texts.
7th Step	I can understand longer texts, including extracts from authentic texts. Understand a range of tenses, more complex grammar and less familiar vocabulary. Work out meaning of some unknown words.

Attainment Target 4:

Writing

4th Step	I can write short texts using language from memory and giving opinions and simple reasons. Write about the present or the future.
5th Step	I can write short texts giving and asking for information, opinions and reasons. Write about the future **OR** the past as well as the present.
6th Step	I can write short texts in a range of contexts, giving and asking for information, opinions and reasons. Write about the past, present **AND** future. Use a style that is appropriate for the situation.
7th Step	Write longer texts in an appropriate style for different purposes and in different settings, giving descriptions and opinions with reasons. Write about the past, present **AND** future.

Studio 3 © Pearson Education Limited 2012

www.pearsonschools.co.uk
myorders@pearson.com

T 0845 630 33 33
F 0845 630 77 77

ISBN 978-0-435-03073-5